CUANDO DEJÓ DE LLOVER

CUANDO DEJÓ DE LLOVER

Yago Gómez Duro

Valparaíso
EDICIONES

VALPARAÍSO POESÍA

Diseño de interior y maquetación: Chari Nogales
www.charinogales.com @chari_nogales
Imagen de portada: Roberto Navarro Matheu

Publicado bajo acuerdo con Editabundo S.L. Agencia Literaria

Primera edición: enero de 2026

© De los poemas: Yago Gómez Duro

© Valparaíso Ediciones
C/ Fray Leopoldo, 7 bajo, 18014 Granada
www.valparaisoediciones.es

ISBN: 979-13-88007-24-8
Depósito Legal: GR 12-2026

Impreso en España - *Printed in Spain*
Gráficas Gami

El papel utilizado para la impresión de este libro está calificado como papel ecológico y procede de bosques gestionados de manera sostenible.

a mi madre, por todo. esto es tuyo.

PRIMERA PARTE

EL DOLOR

el último día de amor
mi corazón se hizo añicos dentro de mi cuerpo

RUPI KAUR, *EL SOL Y SUS FLORES*

la oscuridad
se retuercen las entrañas
se tensan los músculos
tiembla el aire que huele a miedo
las lágrimas no cesan
la rabia aumenta
rencor asco la nada
se tiñen de negro las
luces de la habitación
se ahogan los gritos
se callan los silencios
todo muere por dentro
todo muere por dentro

todo roto por dentro
trozos de la nada cubren cada rincón del
vacío que se ha formado aquí
en el hueco que has dejado
en la historia de ~~nuestras~~ vidas

la noche no ha venido sola
ha traído recuerdos y fotos rotas
las grietas en la pared se abren y dejan salir el dolor y la
pena
se abren como un día se abrió el corazón que hoy
descansa en el vacío del silencio
la tristeza pesa más que la culpa
y las lágrimas resbalan sobre la piel
arañándola y resquebrajándola
duele abrir los ojos
quema la oscuridad que te atrapa
brilla su negrura

entre tinieblas de luz y rayos de sombras
me encuentro el amor descarnado y putrefacto
lágrimas negras cubren la piel muerta y
caen en el vacío oscuro de un corazón sin alma

se agrieta su alma
se marchita su mente
se cae la esperanza como la hoja de otoño
cae al suelo movida por tu aliento frío como el aire de cristal
inerte se posa en el suelo
pálida y sin vida
como el cuerpo muerto de alguien sin rostro
la lluvia apuñala su blanca tez
y se desliza entre sus pómulos como crueles lágrimas
acariciando su piel sin vida
se seca la hoja
se pudre el corazón

esta niebla que inunda mis ojos
y enturbia mi mente
es la misma que enfría mi alma
y congela mis sueños

el tiempo se pasa rápido
y lejos de olvidar un amor que ya terminó
se convierte en piedra en mi corazón
aferrándose a una esperanza cada vez más marchita
por este otoño que ya termina
otra vez
sin el calor de tus manos entre las mías

arden en el cielo las pavesas del amor
que se apagó la madrugada en la que tú y yo
nos dijimos adiós
arden en el cielo los besos apagados
que ya nunca más nos daremos.
arden en el cielo los resquicios de la pasión encendida
de las noches en las que las sábanas ardían con el fuego
de nuestros cuerpos
arde en el cielo el *te quiero* sin voz

y mis manos ya no son las mismas desde que tus dedos
no se entrelazan entre los míos
el brillo de mis ojos se ha apagado desde el día
que ya no miran a los tuyos
y mis labios
mis labios se han secado desde el momento en el que ya
no se pierden en los ecos de tu boca.

y otra vez me rompo en mil pedazos
otra vez vuelta al principio
y otra vez
no soy capaz de no *quererte*

se cae la hoja
se muere el árbol
llueve sobre el charco
qué se seca con el agua
llora el viento
se marchita la flor
se pudre el tiempo
se enfría la noche

extraña sensación la de estar y no ser
difícil observar cuando nada se puede ver
se pierden los detalles
asco y náuseas

la serenidad de las palabras
la esperanza de lo incierto
el incesante chirriar de las manos al caer

ojos vacíos de palabras ciegas
labios rotos entre cristales de sal
almas desnudas en cuerpos descarnado
nombres olvidados en esquinas de papel mojado
tatuados en la piel inerte *muerta*

caerse y chocar con la realidad
suelos de agua que ahogan besos
y apaciguan el dolor
charcos de hielo que abren heridas
y se agrietan como el corazón que muere
vacío y frío
como el agua que moja

camas rotas
libros gastados
cigarros apagados en noches sin luna
voces muertas en miradas de vidrio
ventanas abiertas al vacío de tus miserias
voces sin luz
palabras sin alma
gritos ahogados con la almohada que asfixia

y que cuando todo acaba
cuando todo es punto final
cuando el miedo gana y la suerte muere
el amor se convierte en un sueño
donde no hay sitio para quien no duerme acompañado

miradas muertas en ojos tristes
bocas secas en labios rotos
manos vacías sin corazones llenos

de noche
cuando me precipito a tu olvido
las luces callan tu recuerdo
el anhelo de un último beso me estrangula la garganta
el grito ahogado quema mis pulmones
y la sangre calienta mis mejillas
me muerdo las entrañas
y me retuerzo entre mis pedazos
rompo las palabras inertes de silencios inacabados
llanto dormido en el sueño eterno
del cuerpo que descansa
en la noche sin fina

despiértate
llueve fuera y lloran las palomas
un trueno me ha doblado el corazón
las sábanas están en el suelo y tu ropa sobre el sillón
en el que anoche hicimos el amor
es invierno ya
y el frio ya se siente en la palma de las manos
las caricias son frías y los besos húmedos
despiértate
llueve fuera pero
tú ya no estás

el lento despertar
con las agujas del reloj
moviéndose al azar
dan las ocho
las nueve
y las diez
el techo es el cielo de tus noches
insomnio del tic tac
del tiempo que no espera a que duermas sin soñar
se mueve el tiempo muerto
la estrella no brilla
el cielo ha caído
la noche no duerme
la luna se apaga
el tiempo se para
se tuerce
y llora en el vacío
de las noches *sin ti*

escribo desde el dolor
la tristeza que empapa mis labios
y encoje mis hombros
escribo desde el recuerdo roto
desde las risas ahora en silencio
y las miradas vacías
escribo desde las entrañas
donde ahora descansan en paz
las mariposas muertas
escribo con lágrimas en la piel
llorando palabras ahogadas
en el grito de mi voz

me he roto tanto
que los trozos
se han cicatrizado
sin mi
me he quedado fuera de mí
olvidando *quién soy*
olvidando *mi nombre*

lloran los cristales
lágrimas de lluvia
caen mojadas
en las aceras *mueren*

pues no era el final
tan solo un principio sin líneas
un página en blanco en un libro aun sin escribir
formas sin sentido
imágenes distorsionadas
¿cómo describir lo que no se puede definir?
ahondas en tu interior
rebuscas entre recuerdos y miedos
todo desordenado
tan lleno y tan vacío
los interrogantes sin respuesta
las palabras mal pronunciadas
balbuceas incoherencia
quieres despertar
gritar
ahogarte en llantos
respirar

y eso que dicen que es *amor*
y eso que dicen que es *amar*
no son nada más
que letras puestas al azar

el miedo se ha instalado aquí
en tu lado de la cama
me abraza cada noche
me atrapa entre sus garras
donde antes sentía tus caricias
ahora hay arañazos y sangre
cada mañana
buscos tus labios
y solo encuentro
la lluvia golpeando mi ventana
y el sonido de los truenos
invadiendo mi cuerpo

esperando tus palabras
se secan mis labios
intentando pronunciar
nombres que ya no recuerdo
me arañan los silencios
que enmudecen mi corazón
y entierran mis sueños

SEGUNDA PARTE

EL RECUERDO

> *de noche,*
> *cuando desciendas.*
> *pero es inútil, nunca*
> *he de volver a donde tú*
> *nacías ya con forma de recuerdo.*
> *Quizá súbitamente crece*
> *la sangre. Crece la sangre*
> *hasta mucho más lejos que aquel brazo.*
> *Nadie más que la mano desarmada,*
> *la tenue palma*
> *y este dolor.*

JAIME GIL DE BIEDMA,
LAS PERSONAS DEL VERBO

en el silencio de la noche
cuando la lluvia me habla tras el cristal
tu nombre vuelve a mis labios
¡qué fácil has venido a mi voz
y en qué instante!
cuando creía haberte olvidado
la tormenta trae tu voz con el viento
y junto a la mía
recitan estas palabras
a la luz de la luna

cada día lejos de ti
es como un poema sin palabras
como una canción sin melodía
es como un libro sin historia
o una película sin guion
cada día sin ti
es como un abrazo en soledad
como un océano sin agua
o un verano sin noches de tormenta.

ven
o por lo menos
no te vayas muy lejos
regresa a este tierno corazón
que palpita tu nombre
y bombea tus silencios
ven
a este cuerpo que te abraza
desde la distancia te busca
y en las noches te extraña
ven
vuelve a ser mis ojos
y a nadar en mis labios
búscame en tus lunares
y piérdete entre mis pecas
ven
o por lo menos
no te vayas muy lejos

¿a dónde te has ido?
me has dejado vacío
te has llevado mi manos
mis ojos
y mis labios
ya no se sonreír
y tampoco llorar
no puedo hablar
ni tampoco acariciar
regresa
devuélveme mi ser
ese que sin ti
no sabe existir

cuántas noches en vela
recordándote sin dormir
soñándote sin soñar

en cada rincón te busco
te encuentro

y *te pierdo*

sigues tan dentro de mí
que con cada respiro aún escucho tu voz soñando
en mi cabeza
lo he intentado todo para sacarte de mi mente
me he ido lejos
me he borrado del mapa de tus pasos
he desaparecido del día a día de mi vida
he borrado fotos y mensajes
he roto cartas y postales
he caminado en dirección opuesta a ti
y aún así en cada calle encontraba tu mirada
y en cada esquina me chocaba con tu risa

y aunque llueva quiero irme contigo a los charcos
nadar en las orillas de las aceras
y besar las gotas sobre tus mejillas
que el único refugio sea un paraguas y un abrazo
mientras escuchamos el agua caer al suelo
correr y gritar que solo ~~nosotros~~ dos podemos entender
que hasta los días de tormenta son perfectos
sí es ~~nuestra~~ risa la que calla los truenos y
~~nuestros~~ ojos los que quitan la luz a cada relámpago

y sin un día llueve
no mires los charcos en el suelo
alza la vista hacia el cielo
y piensa
que las gotas que caen sobre tu rostro
no son lágrimas naciendo en tus ojos
tan solo océanos mojando tus mejillas

son las gotas de agua
esos besos de fuego que congelaban mis labios
y calentaban mi alma
son las lágrimas que corren por mis mejillas
y desembocan en el océano de mis lamentos
son las gotas de agua los abrazos bajo el paraguas
que guardaba ~~nuestro amor~~

te veo en los charcos que deja la lluvia en los días tristes
en los que sol no ilumina mis calles
y las grises nubes cubren el cielo de mi solitaria vida

me pierdo en tus recuerdos
donde te encuentro y me calmo
desaparece el dolor
desaparece el perdón
me vuelvo en blanco y negro
no hay color en un amor roto
se agrieta la piel
se *muere* el rencor

me rompo
estallo en mil pedazos
que luego reconstruyo
sobre un folio en blanco
trato de colocar todos los trozos
dibujándome una sonrisa en el rostro
esa sonrisa que se fue contigo de la mano
me caigo.
me doy de bruces contra el suelo
pero ya no siento el frio asfalto contra mi cuerpo
me quedo ahí
tendido boca abajo
con los ojos cerrados
pensando en el negro de los tuyos
de tus ojos mirándome como lo hicieron un día
y muchas noches
ahora ya no queda nada
solo un recuerdo con sueños rotos
y un amor rompiéndose conmigo

hay días como el de hoy
en los que ~~te~~ pienso y me deshago
entre mis propias manos
las mismas que un día acariciaban ~~tu~~ pelo
mientras hablábamos de los viajes
que ya no haremos ~~juntos~~
aplasto los recuerdos con los brazos
que un día rodeaban tu cuerpo
los mismos que te protegían
de las pesadillas que
por las noches
~~interrumpían nuestro amor~~

anochecía
los cristales se empañaban
con la lluvia que afuera mojaba las aceras
me miraste
te miré
y ~~juntos~~ dibujamos un corazón en la ventana
de ~~nuestra~~ habitación

hoy llueve. y ya anocheció.
la ventana se empañó.
y el corazón no apareció.

lo que un día fueron palabras en voz baja
y risas bajo las sábanas
hoy tan solo son letras mal escritas
en un trozo de papel mojado
por las lágrimas que derraman mis ojos

todo era sencillo
las risas
los besos
todo menos tú
todo menos yo
yo creía que todo iba bien
tu decías que nada iría mal
dos equivocados en un relación de tres
tú
yo
y el miedo a perder

verte y no mirarte
buscarte y no encontrarte
~~quererte~~ y callarme
las palabras se quedan dentro
ahogadas
gritando y desgarrando mi garganta
dejándome sin voz
me rompo en mil pedazos
cada vez que te pienso y no te tengo
hoy más que otros días
te echo de menos.

tu voz suena en mis labios
y tu mirada enciende mis ojos
acaricias tu piel con mis manos
te abrazas con mis sueños

cuando te veo saltan chispas en mi interior
y no puedo distinguir entre el miedo y la emoción
emoción por volver a verte
y miedo por no poder mirarte

tú espalda
el mapa en el que yo me pierdo
tus ojos
el reflejo donde me miro.
tus manos
mi soporte.
tus labios
todos mis océanos.
tu piel
un lugar para *quedarse*.

nos conocimos en invierno
cuando el sol no calentaba las calles
y la lluvia mojaba los bancos y aceras
~~nuestros~~ abrazos eran el mejor lugar de la ciudad
y los besos que me dabas
el mejor refugio contra el frío
tus ojos me traían el verano
y tus caricias se sentían como la hierba en primavera
el día se quedaba corto
y nos faltaban noches para hacernos el amor
las agujas del reloj corrían más que ~~nosotros~~
y como en una carrera
perdimos contra el tiempo

y que todos los días se vayan
y vuelvan las noches en las que
la luna se escondía ante el brillo de mis ojos mirándote
que no quiero más días si no traen noches contigo
qué desde que *no estás*
mis estrellas se han apagado
y las noches son oscuras y frías.

las calles no se encienden
y la lluvia no moja mis ventanas
se me rompen los atardeceres
y el invierno nunca acaba.

caen los días y las noches

siempre solo

nunca ~~contigo~~

estoy ~~contigo~~.
aunque no me ves
siempre estoy en ti
no puedes sentirme
pero te respiro
inhalo aire y eres tú quien enfría mi garganta
congelando mi voz
apretando mis palabras
te escondes
pero te encuentro.
tus ojos brillan más en la oscuridad
la negrura de tu mirada ilumina el camino que me lleva
a ti
te vas
pero te quedas ahí
esperándome
te agarro la mano
pero ya solo es la nada
cierro los ojos
y en mi mente te beso
un último beso
ahora ya me puedo ir
desaparezco
y tú te quedas ahí
con mis labios en tu boca
y mis besos perdidos en algún callejón

de ventanas rotas
y charcos vacíos

sintiéndome así
tan lejos
tan perdido
no recuerdo tu voz
y aun así
te escucho en cada canción
no recuerdo tus labios
y aun así
te encuentro en cada beso
no recuerdo tus ojos
y aun así
te veo en cada mirada
no recuerdo tus manos
y aun así
te siento en cada caricia
no recuerdo tus abrazos
y aun así
te abrazo cada noche
no te recuerdo,
y aun así
no te olvido.
no te busco
y aun así
te encuentro
no *te quiero*
y aun así
te escribo esto.

no te has ido
estás en mis ojos
en mis manos
y en mis labios
adherido a mí piel
pegado a mi pecho
te siento en mis palabras
te veo en mis sueños
te encuentro en mis calles
te siento en mis adentros
golpeando mi alma
empujando mis recuerdos
quemas en cada lágrima
lloro tus besos
siento tus desprecios
tú olvido alimenta mi dolor
estás aquí
en las grietas de mi voz
en los huecos de mi silencio
sigues aquí
aunque te hayas ido

estás aquí.
me he perdido de tanto buscarte
te pienso a cada instante
y a cada rato me rompes por dentro

te veo en las caras de la gente
me cruzo con tus ojos
y aún escucho tu voz diciéndome *me voy*
¿dónde está mi lugar?
me quiero buscar
y solo encuentro
trozos de alguien que ya no soy
restos de palabras y sonrisas
es lo que ahora queda aquí.

aquellos días
cuando los besos no se acababan
y los abrazos eran infinitos
aquellos días
cuando tus ojos eran luz
y tu risa una fiesta
aquellos días
en los que las horas eran segundos
y los segundos eternidad
aquellos días
cuando todo lo demás
dejaba de existir
y ~~tú y yo~~
nos creímos invencibles
donde nadie lo es
ni siquiera ~~nosotros~~ dos
pudimos con el miedo
aquel día tú me dijiste adiós
y yo me dije hasta siempre

a ti que te busco en cada calle
y te pierdo en cada charco
a ti que te escribo en cada palabra.
te recuerdo en cada foto
te veo en cada canción
a ti que te beso en cada boca
te acaricio en cada piel
a ti que te llamo en cada nombre
te veo en cada rostro
te busco en cada esquina.
a ti que me lees y me pierdes
me escuchas y no me oyes
me ves y no te quedas
a ti que estás sin estar,
que me abrazas sin abrazar
que me hablas sin hablar
a ti que te escucho en cada voz.
te siento en cada suspiro
y te pierdo en cada lágrima
a ti porque siempre es a ti
porque te escribo a ti
te sueño a ti
te espero a ti

a ti
siempre a ti

aun cuando siempre ya no es hoy
y tampoco mañana.
a ti
porque nunca hay palabras que no lleven tu nombre
ni poemas que no firme sin tu recuerdo
a ti
porque eres tú
a ti
por qué soy contigo

no me pierdas en tu recuerdo
no me dejes caer en tu olvido
piénsame en cada mañana
de flores blancas y cafés con leche
de besos de sal y abrazos de guerra
piérdete en mis locuras
y ata mi cordura
cógeme la mano y llévame
a donde el fuego se hace agua
y tus ojos queman como el hielo

te fuiste
y aun no sé por qué
me hablan de ti y me cuentan que estás bien
yo sonrío cabizbajo y finjo que no me importa
cuando por dentro me estoy muriendo por tenerte
todo cuanto hago es seguir sin mirar atrás
el pasado me asusta y el futuro me es incierto
todo es borroso desde que *no estás*
la sonrisa ya no es frágil y la mirada no es real
te busco en cada esquina y te encuentro en cada sueño
te veo en las caras de la gente que pasea sin ver
te busco en sus ojos y te encuentro en mi propio olvido
en las calles que de la mano nos vieron pasear
me escondo en callejones para no verte en ellas sin mí
para no chocar de frente con la realidad
de que los días son *sin ti* y las noches son *contigo*
en la ausencia de tu recuerdo,
que duerme a mi lado y me recuerda que
cada mañana será como la anterior
sin tus labios esperando mis besos
ni tus manos esperando mis caricias

palabras y besos escondidos
labios mojados que susurran a tus ojos
un *te quiero* nunca dicho
se ahogan en gritos
sentimientos con miedo
a no ser correspondidos
miradas que hablan sin voz
y dicen lo que el corazón silencia

maldita la madrugada
en la que ~~juntos~~ nos despedimos sin besos ni abrazos
miradas llenas de lágrimas
y palabras cortadas
calladas por el miedo a hacernos más daño
larga noche de insomnio
de cafés a medio a hacer
y promesas sin cumplir.
nos dijimos adiós entre la puerta medio abierta
y con las manos temblando
dudando entre abrir o cerrar
entrar o salir
nos miramos por última vez
tú te fuiste y yo me quedé
con la esperanza rota
y la ilusión muerta.

finales

mirarte es
volver a sentir magia
en cada beso

tenerte es sentir que
aunque el tiempo no se detenga
un minuto contigo es una eternidad
sin *final*

y escribo para decirte lo que muchas palabras
no saben expresar
qué los verbos se me quedan pequeños
y no hay suficientes significados para describir
sentimientos
que aún no tienen nombre
por miedo a no decir lo que de verdad son
letras arrancadas del corazón
y escritas con la tinta de mis venas
para derramarse en papeles que
por no poder ser nunca entregados
a aquel que da sentido a las palabras que guardan
se rompen en mil pedazos
y arden entre lágrimas y sangre

nos fuimos lejos
nos miramos y escapamos del mundo
nuestro limite era infinito
y el infinito es el recuerdo
de la mano paseamos por ciudades
que nunca han existido
sin movernos de la cama viajamos a países inventados
jugábamos a ser náufragos en un amor inventado
historias nunca escritas llenaban el silencio en las noches
entre risas estrelladas en los ecos de la lluvia
se apagaban las luces
se encendían las estrellas.
con los dedos contábamos cuantos besos nos quedaban
uno dos tres
¿qué importaba?
tantos como *te quieros* nos dijimos
tantos como *te quieros* nos quedaron por decir
palabras ahogadas
calladas por el miedo a ser escuchadas
voces atrapadas en las sombras de la noche
se encendieron las luces
se apagaron las estrellas.
hoy
mañana,
~~siempre.~~
ya huele a verano

pero ya no es como los anteriores
el sabor de *tus besos* ya no está en mis labios
y *tus manos* ya no me rozan bajo la mesa de aquel bar
al que siempre íbamos a cenar
ya no nado en el agua de *tus ojos*
ahora paseo por mis propias playas
escribiendo cartas que luego tiro al mar
para que las lágrimas derramadas
se borren con la sal
ahora el calor ya no es como el de antes
ya no sudamos juntos entre las sabanas
ni *nos ahogamos* en abrazos bajo la ducha
aun así sigo usando esa colonia que huele a ~~nuestro~~
verano
cuando las carreteras nos llevaban lejos
me mirabas y el frio recorría mi espalda
me estremecía
y yo solo quería que juntos
nos fuéramos al océano de nuestro ~~amor~~

sigues tan dentro de mí
que con cada respiro aun escucho
tu voz soñando en mi cabeza
lo he intentado todo para sacarte de mi mente
me he ido lejos
me he borrado del mapa de tus pasos
he desaparecido del día a día de mi vida
he borrado fotos y mensajes
he roto cartas y postales
he caminado en dirección opuesta a ti
y aun así
en cada calle encontraba tu mirada
y en cada esquina
me chocaba con *tu risa*

te veo y solo quiero recorrer
tus mejillas con mis dedos
te miro y solo quiero rozar
tus labios con los míos
fundirnos en un besos *efímero*
pero *eterno* en nuestros corazones

si hubiera sabido que la última vez que nos besamos
iba a ser la última
te prometo que no hubiera parado

nunca

si hubiera sabido que la última noche
que dormimos juntos
sería la última
jamás me habría despertado
y habría hecho de esa noche

una *eternidad*

mirarte es perderme
y perderme es lo que quiero
siempre que sea *contigo*

todos te dicen que todo irá bien
qué el tiempo todo lo cura
qué un clavo saca otro clavo
todos te dicen que el *amor* es así
unas veces sale bien
y otras no tan bien.
pero en realidad nadie sabe
ni si quiera tú sabes nada
nunca llegaste a saber nada
te decía que *te quería*
cuando en mi interior gritaba que moriría por ti
te miraba cuando en realidad
querría estar dentro de tus ojos
ser tus ojos.
te tocaba cuando lo que quería era fundirme en tu piel
pegarme a ti
ser uno
ser tú y tu ser yo
te hacia el amor
y deseaba morir contigo
qué nuestros cuerpos se deshicieran entre el sudor de tu
frente
y la saliva de mis labios
qué los latidos de nuestros corazones se parasen
y en el instante en el que todo acabara
mirarte e irme ~~contigo~~

cada noche miro lunas donde antes contaba tus lunares
cada noche busco tus labios en mi piel
cada noche tan solo es una noche menos. o una noche más

y siempre que apareces
nace la ilusión de una nueva posibilidad
de un nuevo comienzo
pero tan rápido como vienes te vas
y yo me quedo ahí
con la esperanza guardada en el bolsillo roto
de mis viejos vaqueros

quiero respirarte
ahogarme en tus labios
inundarme de tus besos
quiero tocarte
agarrarme de tu mano
y llevarte a mis sueños
en donde el océano grita tu nombre
donde tus abrazos no me sueltan
y tus ojos me desnudan
quiero respirarte
ahogarte en mis labios
inundarte con mis besos

en susurros te hablaba
entre gritos ahogados
te llamaba
entre lágrimas de fuego
que abrasaban mi cara
tu nombre se perdía
en el eco de mi alma

recuerda el primer día que nos vimos
recuerda la primera vez que me hablaste
y recuerda lo que te contesté.

recuerda nuestro primer beso
y el segundo
recuerda también lo que te dije después
recuerda lo mucho que me quisiste
y lo mucho que yo te quise.
y te quiero.
recuerda todas esas tardes ~~juntos~~
y todas las mañanas
y los cafés
recuerda también nuestras noches ~~juntos~~
y las madrugadas
recuerda las risas
y las tonterías
recuerda también las discusiones
y también las reconciliaciones.

recuerda mis miedos
mis inseguridades
y mis celos
pero recuerda también mis pasiones
mis sueños
y mis esperanzas
recuérdame
porque yo *te recuerdo* cada día

recuerdo todos los momentos
los recuerdo porque no sé cómo olvidarte
lo recuerdo todo de ti
menos como dejar de quererte
te recuerdo porque antes de ti
mis recuerdos son borrosos
te recuerdo porque mi pasado eres tú
mi presente eres tú
y en mi futuro sólo te veo a ti
te recuerdo porque *te quiero*
lo siento
pero aún *te amo*

TERCERA PARTE

EL OLVIDO

no es que sienta tu ausencia el sentimiento
es que la siente el cuerpo. No te miro.
No te puedo tocar por más que estiro
los brazos como un ciego contra el viento.

ÁNGEL GONZÁLEZ, *A TODO AMOR*

te pienso mientras te olvido
y en el olvido te pierdo
te encuentro
te cuento que pienso en ti
te miro y me miras
y en lo que dura un parpadeo
te vas
y me pregunto
¿habré hablado sólo
o realmente estabas ahí?
en el olvido te pienso
y mientras te pienso

me olvido de olvidarte

la mirada es muda y la voz ciega
hablar sin palabras es tan difícil como ver sin mirar
los ojos son la puerta al corazón roto
y los labios dan salida a llantos sin lágrimas
nos miramos
y no nos conocemos
nuestros ojos no se encuentran
se pierden en los cruces
y juegan al despiste
nos hablamos
pero no decimos nada
ya todo ha sido dicho
ya todo ha sido visto
ahora sólo *somos* palabras nunca dichas
y miradas ciegas
ahora sólo *somos*
besos sin labios
voces sin aliento
desconocidos en las calles de siempre
los mismos
sí

pero nunca iguales

pienso en todo los que nos dijimos la última vez que nos
vimos

y me doy cuenta de que hay muchas cosas que no te dije
supongo que en aquel momento
no era consciente de que era la última vez que iba a
poder besarte
o la última vez que podría acariciarte
ahora me arrepiento de no haberme quedado más
tiempo allí
~~contigo~~
inventarme cualquier excusa para retrasar la despedida
ahora que pienso en ese día
me siento triste por no haber hecho algo más
o por no haberte dicho más cosas
tal vez hubieras cambiado de idea
no sé
supongo que no puedo evitar pensar
que tal vez me rendí con demasiada facilidad
que tal vez...

que sabía yo entonces lo que tu pensabas
te miraba y no supe ver que no eras el mismo
que ya no me mirabas como antes
que torpe yo
no darme cuenta
de lo que pasaba por tu cabeza
fue tarde ya
cuando me dijiste que te ibas
ya poco pude hacer
me alejé
me aparté
te dejé espacio
te di tiempo
tanto como quisiste
y aún quieres
lo triste es que
en ese tiempo
yo me perdí contigo
y conmigo
se perdió el *nosotros*

y ahora solo queda soñar
dormir
y volver a vernos ~~juntos~~
como antes

ya nunca más habrá un hoy,
un mañana,
y mucho menos,
un ~~siempre~~.

todo lo que fuimos se quedó en aquel viejo calendario
de días tachados
y hojas arrancadas
de números sin significado
y domingos de lluvia y sueño
de martes sin cafés
y viernes sin resaca
los lunes ya no traen tú risa
y los miércoles se me quedan en medio de la nada
y el dolor.
y los sábados
los sábados me recuerdan que otra semana se ha ido
y otra viene por delante
ambas sin ti
ahora los días me vienen vacíos
y las noches son largas
y con recuerdos que atrapan mis ganas de dormir
caen las hojas del calendario
como las de los árboles del otoño que ya se fue
sin paseos bajo sus atardeceres
y sin abrazos en los bancos de aquella alameda
llena de hojas secas
y charcos de barro y miedo
el invierno es más frío
y la lluvia cae con más fuerza
ya no me gusta oír llover

ahora el tiempo es hostil
un enemigo que va en mi contra
yo quiero retroceder
mientras él solo me lleva hacia adelante
hacia otro día más *sin ti*

ya no se escribirte
los recuerdos comienzan a ser borrosos
tu voz cada vez se aleja más
y tu rostro se emborrona en las fotos de viajes aplazados
pienso en tu mirada
y no recuerdo el color de tus ojos
 aquellos en los que antes podía perderme sin ni siquiera
mirarlos
ahora eres el eco de una voz dormida
de palabras mudas
y abrazos vacíos
te veo en calles vacías
y no sé quién eres
ya *no sé quién eres*

y mientras tanto
el tiempo sigue adelante
la vida continúa
sigue lloviendo
las hojas se marchitan
las aceras se rompen
la gente llora
ríe
nace y muere
se besan
se gritan
se aman
y se pierden
y mientras tanto
~~nosotros~~ nos olvidamos
el uno al otro

recuerdo las primeras noches que te escribí
siempre sonaba la misma canción
y las lágrimas quemaban mis ojos
te pensaba mientras me dejaba llevar por la tinta y el
papel
las palabras salían de dentro de mi
dando forma a los sentimientos
que mi voz no sabía decir

he roto todos mis poemas
para no leerte más.
todo lo que escribo lleva tu nombre
porque en cada letra hay uno de tus besos
cada palabra es un abrazo sin acento
y cada frase un *te quiero* en letra muy pequeña
los verbos son los ojos rotos de llorar
y los adjetivos los sueños sin cumplir
las comas son los ecos de tu voz
y los puntos siempre son finales
las letras no me encajan
y las ritmas se me cae
he roto todos mis poemas
para no leerme más
para no verme en los papeles rotos de historias acabadas
para no encontrarme en cada hoja mal escrita
y en cada lágrima destintada
para no verme nunca más
escribiéndote cartas sin firmar
y poemas sin rimar

la soledad no es efímera
efímeros son los amores olvidados
los besos en tu portal
los abrazos en mi playa
las caricias en el parque
los *te quieros* en mi cama
las cartas enviadas
y las nunca escritas
las canciones a las dos de la mañana
y las noches sin dormir

no sientas pena
aquí todo está bien
el dolor
como todo lo demás
acaba dejando de existir
los recuerdos se van
se emborronan
y donde hubo amor
solo queda silencio
ahora no eres más
que un nombre al azar
no te miento
me miento a mí mismo
me creo lo que escribo
y escribo lo que callo
no sientas pena
al menos aún *respirAS*

la soledad me asusta
y el invierno me entristece
me asombra el desconcierto
y me pierdo entre sueños de papel
me castigo en calles oscuras
y me ahogo en vasos sin agua
me duermo en camas sin hacer
y despierto en noches sin luna
la lluvia no moja mis lágrimas
que caen vacías
y rompen lejos de mí
los golpes no me duelen
y la risa me muerde entre dientes.
me he tatuado nombres de quien no conozco
y he borrado *tus besos* de mi piel
quema el recuerdo de un deseo sin freno
y aun así y mil veces más
ardería ~~contigo~~

las paginas ya se han borrado
de los libros que nunca se han escrito
sobre las historias silenciadas
de amores prohibidos
y pasiones mutiladas
palabras borradas en cartas nunca enviadas

prefiero salir corriendo
que quedarme a esperar
un beso con final
o un abrazo caducado
prefiero llorar
que escuchar palabras vacías
o leer cartas sin tinta
prefiero morir
a vivir mentiras de amor

con cada cruce de miradas nos volvemos a descubrir
nos miramos e intentamos reconocernos
ver en quien nos hemos convertido
yo me pregunto si sigues sorbiendo el café como antes
y tú te preguntas si yo sigo tomando coca-coca light
o me habré pasado a la normal
lo sabíamos todo el uno del otro
y ahora nos hemos convertido en dos desconocidos
el tiempo ha pasado por nosotros
y nos ha transformado
cuando te veo te conozco
pero no sé quién eres
conozco tus ojos
el sonido de tu voz
y el sabor de tus besos
pero ya no puedo recordarlo
sé que lo conozco
pero ya no lo recuerdo
tú también recordarás el sonido de mi risa
los besos que te daba
y los abrazos que te robaba cuando menos lo esperabas
mientras andábamos por ahí
cumpliendo sueños sin cumplir
lo que un día fue nuestro amor
hoy son recuerdos guardados en el baúl sin llave
de nuestro corazón roto

fotos enmarcadas cubiertas de polvo
mensajes nunca enviados
lágrimas secas en alguna carta sin destinatario
lo que un día fue un tú y yo
ahora es un tú
y después un yo

quiero pensarte y no llorar
mirarte y no temblar
quererte y no sufrir

duele quererte así
pero el dolor no es más que la justificación
de un amor real
quererte es todo cuanto me queda
ni mirando al cielo
o mirando al suelo
encuentro respuestas
sólo te veo a ti allá donde mire

dejarte ir
es dejar marchar a una parte esencial de mi propio yo
supongo que es el precio que uno debe pagar
para poder pasar página
definitivamente

volver a reconstruir un corazón roto
demasiado tiempo mirando al pasado
sin prestar atención a todo lo que aún está por venir
cerrando etapas
guardando recuerdos en el fondo del cajón
tirando la llave a las sombras del olvido
no es volver a empezar
es continuar
mirar al pasado para no volver a cometer los mismos
errores

y cada vez que te olvido
cada vez que consigo encontrar una razón
 para dejar de pensar en ti
aparece esa canción que escuchabas conmigo
esa que me dijiste que era tu favorita
aparece esa canción triste que habla de lo mucho
que *te quiero*
cuando por fin conseguí olvidarte
volviste a aparecer con esa sonrisa dulce
esa alegría
y ese cariño
cuando por fin conseguí olvidarte
viniste a darme un abrazo porque me veías triste
cada vez que te olvido
consigues recordarme por qué el primer día
que te conocí
por qué el primer día que apareciste ante mí
me dejaste colgado de tu humor
tu alegría
y esos momentos en los que sólo quiero estar contigo
cada vez que te olvido
vuelvo a recordar por qué en un principio quise
olvidarte
por qué no quieres estar conmigo de la misma forma
que yo lo quiero
como sufrir en silencio hace el día más largo y pesado

cada vez que te veo recuerdo que eres demasiado
para mí
cada vez que te olvido odio la timidez absurda
que me hace tener que olvidarte
porque nunca conseguiré decirte todo aquello que
con tanto sentimiento escribo
porque sé que nunca podré tenerte

no todos nos curamos tan rápido
ni todos olvidamos tan fácilmente
a veces un simple parche
o una tirita
son suficientes para tapar la herida abierta
pero la cicatriz que queda no es más que la marca
del dolor sufrido
y hay cicatrices que se quedan marcadas en la piel
para siempre
como si hubieran sido grabadas en la fría piedra

me habré olvidado de ti cuando me despierte una mañana
y no seas tú lo primero que me viene a la mente.
me habré olvidado de ti el día que suene el teléfono
y no espere un mensaje tuyo
me habré olvidado de ti
cuando no seas tú el que ocupa mis sueños cada noche
me habré olvidado de ti
cuando pasee por las calles de siempre
y no eche de menos tu mano alrededor de la mía
te habré olvidado
cuando escuche canciones que no me rompan en mil pedazos
te habré olvidado cuando no sean tus ojos los que busco
en las caras de la gente
te olvidaré el día que piense en mí y no en ti
te habré olvidado
cuando pueda pensarte
y no morirme por dentro
te habré olvidado el día que escuche tu nombre
y no sienta mil cristales romperse en mis labios
te olvidaré
cuando no seas más que el recuerdo borroso
de un pasado mejor
te habré olvidado
cuando escriba sin tener tu rostro en mi cabeza
enamorarse da miedo
pero más miedo da *olvidarte*

CUARTA PARTE

LA NOSTALGIA

*existe una ley en algún lugar que dice que
cuando una persona está totalmente enamorada de otra,
es inevitable que la otra lo esté también*

ANDRÉ ACIMAN, *LLÁMAME POR TU NOMBRE*

el amor es todo aquello que nace dentro de nosotros
y muere a nuestros pies

buscaba un amor
y encontré una vida
buscaba un beso
y encontré las palabras más perfectas
encontré la luz
cuando buscaba en la oscuridad
te encontré a ti
cuando me buscaba a mí

en ese momento de duda
de incertidumbre
de sí o no
es en ese momento
cuando te das cuenta
de que *le quieres*

la sensación de un nuevo amor siempre es excitante
las primeras miradas
las primeras sonrisas escondidas entre palabras
susurradas
noches enteras sin dormir
hablando de todo y de nada
conociéndose
enamorándose
perdiéndose
emoción y nervios
en besos robados en portales vacíos
escondidos para que nadie vea lo prohibido de un amor
así
apartados de las miradas ajenas
culpables ante la ignorancia
el miedo
las manos se tocan bajo los manteles de mesas de vino y
miel
abrazos robados al tiempo que corre
que no esper
lagrimas frías de odio y rencor
amores prohibidos
furtivos

déjame que encienda la luz para verte
corramos las sabanas
quiero verte desnudo
en mi cama
las sombras hacen formas en tu cuerpo
juegan con los pliegues de tu piel
se ríen de mí
muerdo tu labio
y aprieto mi mano contra tu muslo
se encienden tus mejillas
brillan tus pupilas
el sudor es frio y moja mi espalda
nos estamos perdiendo entre la luz y la sombra
las paredes ahogan los gemidos del placer compartido
y juntos
los dos
nos dormimos mientras la luz traspasa la ventana
y las primeras gotas de agua mojan *nuestros* besos

un billete de tren
una notita bajo la mesa
un beso en un portal
una carta olvidada en un cajón
una canción desafinada
una entrada de cine caducada
un café con leche en la mesa de siempre
una foto gastada
un verano sin fin
un invierno entre tus sábanas
un libro sin dedicar
un poema sin acabar
un abrazo en el portal
tu encanto en mi mirada
tu risa entre mis labios
tu voz susurrando palabras a mí piel
tus manos acariciando mi alma
desnudando mi piel
quemando mi alma

Noviembre
como la película
dulce
dulce como el chocolate caliente
y las películas bajo la manta
llueve
y el frío estremece la piel
pero los abrazos son cálidos
como el beso de aquella película
en la que los protagonistas se enamoran
y pasean por las calles sonriendo
y de la mano
noviembre
ese mes en el que frío es intenso
y la ciudad huele a lluvia y aire seco
bajo el paraguas los besos saben mejor
los labios se mojan con las gotas de agua
y empapan el aroma de tu piel
en noviembre la cama es para dos
los despertares huelen a café recién hecho
y a duchas donde el vapor de agua dibuja corazones
juntos
bajo sábanas de algodón
el amor es más íntimo
el frío congela los cristales
pero tu aliento en mi nuca calienta mis sueños

y evapora los miedos
noviembre
dulce noviembre
como la película
como el amor
siempre dulce
nunca eterno

y de repente
todo cambia
los besos son cálidos
y las caricias de verdad
la risa es tonta
y las conversaciones hasta las tantas
traen el amanecer
las manos se entrelazan
bajo mesas de manteles a cuadros
 y velas que se apagan
las miradas nerviosas
se desvían por vergüenza a ser vistas
y ambos jugamos a enamorarnos

ahora el miedo es excitante

me dijiste *te quiero* mientras el agua mojaba tus labios
y salpicaba mis ojos
lo que no viste es que también había lágrimas
en mis mejillas
y emoción en mis besos
un *te quiero* tan solo es un preludio de todo lo
que está por venir
un principio para algo que no puede tener final
dos palabras que juntan dos nombres y un corazón
ocho letras que juntas
hacen de cada día a tu lado
un invierno sin final
de noches bajo las sábanas
y madrugadas sin dormir
hablando sin decirnos nada
conociéndonos con la mirada
y enamorándonos con cada sonrisa
un *te quiero* que hace de la infinitud
un segundo eterno

nos besamos bien y con ganas
nos agarramos con la mirada
y nos atamos con las manos
juntos somos uno
y siendo uno
somos más
con la boca nos comemos el aire que respiramos
y respirando nos hacemos el amor
sudando y gimiendo
deshacemos nuestra cama
y nos rompemos los huesos
y la piel
nos abrimos
y de la voz salen gemidos ahogados
entre el silencio y la oscuridad
tu pelo se enreda en mis dedos
y con los ojos me robas la luz
y todo se apaga
nos besamos bien y con fuerza
nos mordemos la boca
y los labios se tuercen
entre dolor y placer
me arañas la espalda
y todo mi cuerpo se estremece
me erizas la piel.

y lo bonito que es cuando te mira
y tu mirada se pierde en sus pupilas
el corazón comienza a acelerarse
y notas como te falta el aire
todo se detiene alrededor
y solo estáis los dos
lo demás ya no existe
llega el momento
y los labios se juntan
un beso que se siente en todo el cuerpo
es como sentir música en la boca
o saborear el paisaje más bonito
es el primer beso
un preludio
un segundo de mil segundos
es el amor entrando por tus venas
es el abrazo más largo del mundo
las caricias más sensibles
la sonrisa que enamora
~~somos tu y yo~~

éramos tu y yo

la razón no tiene cabida en el amor
el amor no se explica con palabras
no existe una definición precisa que describa

lo que una persona siente cuando ama.
el amor es ese sentimiento que nace en lo más hondo de
uno mismo
y desborda una vida entera
desgarra con tanta intensidad
que hace tambalear los cimientos más profundos de lo
que somos
el amor es eso que te cambia la vida para siempre
sin retorno

*nunca se vuelve a ser el mismo después de haber amado de
verdad*

el amor no es complicado
los sentimientos no son complicados
somos nosotros los que complicamos lo que sentimos
a veces es más fácil de lo que parece
tan fácil como una llamada. un mensaje
una palabra
una mirada
un beso
un te sigo queriendo
aparcar el miedo a un lado
y dejarse llevar por lo que uno siente y quiere
si fuéramos menos racionales y más pasionales
tal vez estaríamos juntos en este momento
y yo no estaría escribiendo estas palabras
estaría mirándote mientras te tumbas en la cama
y cierras los ojos para dormir
como hacías aquellas noches en las que el frío entraba
por el resquicio de tu ventana
y te apretabas contra mi
haciéndome sentir la persona más completa y especial

está en todas partes
en cada uno de nosotros
dentro de todas las cosas
es el aire que respiramos
y el suspiro que anhelamos
es el abrazo eterno
y el beso perdido.
lo sentimos en las manos que acarician nuestra piel
y en los ojos que nos miran hasta ruborizarnos
lo tenemos en cada palabra que callamos
y en cada grito que ahogamos
lo vemos en la cara de los niños
en las sonrisa de los enamorados
en los paseos por el parque
en los semáforos en rojo con beso incluido
lo vemos en cada mañana al despertarnos
y en cada noche al dormirnos.
está en nuestros sueños
y nuestras pesadillas
es nuestra felicidad
y nuestra tristeza
nuestra libertad
y nuestra condena
es la llave que abre las cadenas
y el candado que cierra las verjas de nuestra propia
cárcel

es la ventana abierta a una nueva vida
y la puerta que nos encierra en nuestro dolor
es fuego y pasión
es lágrima y llanto
es frío y calor
es pasión y desesperación

es *el amor*

¿hay que amar para vivir o vivir para amar?

hoy he paseado por las calles de mi memoria
me senté en un banco
al lado de mis recuerdos
y viajé a través de mi interior a muchos lugares
me encontré con gente que hacía mucho tiempo que no
veía
volví a parís y a roma
hablé con mis sentimientos
y me reconcilié con mis miedos
me sumergí más y más en mi interior
y buceé por mis sueños más profundos
me encontré con mi yo de niño
y charlé con él a la sombra de un árbol de agua
yo escuchaba y escuchaba
y también hablaba y hablaba
se hizo de noche y volví a mi presente
conociéndome un poco mejor
n la soledad más absoluta
todos podemos encontrarnos

nos besamos sin importar
que nuestros labios sean los mismos
nos escondemos en portales
y nos robamos furtivos besos
lejos de miradas odiosas
en las calles y en los parques
se rozan nuestras manos
cautelosas
por miedo a ser vistas
por quien no quiere vernos juntos
nuestros ojos se buscan
entre la multitud y el gentío
nos miramos con amor
y con el miedo
de quien no quiere ser juzgado.
nos encontramos en la oscuridad
y nos abrazamos como delincuentes
creyendo que este amor ilegal
vale menos que el de los demás

QUINTA PARTE

LA CURACIÓN

Pienso mesa y digo silla,
Compro pan y me lo dejo,
Lo que aprendo se me olvida,
Lo que pasa es que te quiero.
La trilla lo dice todo;
Y el mendigo en el alero,
El pez vuela por la sala
El toro sopla en el ruedo.
Entre Santander y Asturias
Pasa un río, pasa un ciervo,
Pasa un rebaño de santas,
Pasa un peso.
Entre mi sangre y el llanto
Hay un puente muy pequeño,
Y por él no pasa nada,
Lo que pasa es que te quiero.

GLORIA FUERTES, *"PIENSO MESA Y DIGO SILLA"*

el dolor da paso a la curación
los días tristes se van con el viento
y a pesar de lo tarde que llega la risa
siempre regresa a nuestros labios
la nostalgia y el olvido
transforman la tristeza en recuerdos
que se agolpan en nuestro corazón

perderme en las curvas de tu cuerpo
pasear por cada uno de tus besos
rozar cada surco de tus labios
sentarme en una de tus pestañas
y contemplar el brillo de tus ojos
saltar entre tus lunares
y dejarme atrapar por la maraña de tu pelo
hacer rodas mis dedos por cada centímetro de tu piel
visitar cada una de tus imperfecciones.
coger tu mano
y tirar fuerte de ella
para llevarte conmigo en este viaje
que está siendo conocerte

me agarro a esta distancia
buscando la manera de llegar a un final
cada vez más lejano
nos amamos a pesar de los kilómetros que nos separan
sueño con nuestro reencuentro
con nuestros nuevos besos
y tengo miedo a no reconocer tu sabor
miedo al paso del tiempo
y su poder transformador
¿seremos los mismos?
¿habremos salido ilesos de esta separación?
¿será nuestro amor lo suficientemente fuerte?
siendo sinceros
la costumbre ha ocupado su lugar en nuestro día a día
y ahora la separación forma parte de nuestra rutina
¿cómo nos enfrentaremos al reencuentro?
¿sobreviviremos a nosotros mismos?

verte hoy será un sueño cumplido
besarte y abrazarte
abrazarte lenta y dolorosamente
besarte apasionadamente
me sumergiré en tu piel
y haremos el amor con los ojos
nos faltarán horas por recuperar
el tiempo nos debe muchos días
y la vida muchos momentos

después de nuestro abrazo
nacerán nuevos planetas

quiero hacer senderismo en tu cuerpo
siguiendo los caminos de tu piel
hasta los páramos de tu cintura
quiero escalar por tu espalda
apoyándome en cada uno de tus surcos
hasta llegar a la cima de tu cuello.
quiero nadar en los ríos de tus ojos
bañarme en el arroyo de tu mirada
y hacer rafting por las cascadas de tus lágrimas
voy a descansar en la orilla de tus parpados
y contemplar desde ellos, la lejanía de tus labios.
quiero perderme en el bosque de tu pelo
y como si de rocas se tratasen
subirme a cada uno de tus lunares
para encontrar el camino hasta tu boca
llegar hasta ella y acampar en tu labio inferior
encender en una hoguera su interior
y dormir en el calor de tu aliento

la poesía es un estado de ánimo

¿por qué no vienes aquí,
me coges de la mano
y me das uno de esos besos
que me hacen viajar a cada rincón de tu cuerpo?

—me voy a dormir— dije
—¿me haces un favor?— preguntó
—sí
—sueña conmigo
—para eso no me hace falta dormir

la "e" de nuestro "siempre" es infinita

solo en tus labios encuentro el camino
que me lleva a casa
y mi casa está dónde tú estés

no dejes de quererme
no mires atrás buscando respuestas que tienes justo
delante de ti
mírame a los ojos
encontrarás los mayores secretos del mundo
as estrellan brillan más fuerte desde que tus labios
se posaron en los míos
el lado oculto de la luna busca la luz en tu mirada
y el sol sale un poco antes para iluminar antes
 que nada tu piel.
el café sabe mejor cuando me lo tomo contigo
y las noches son menos frías con tus brazos
sobre mi espalda
en nuestras manos nacen flores de todos los colores
y las demás tristes de envidia miran hacia otro lado.
nuestro amor será leyenda
decía un canción
vamos a dormir
y bajito
cantémosla

tenemos tantos abrazos pendientes
que ya he perdido la cuenta
son tantos los te quiero aún por susurrarte al oído
¿y las caricias qué nos quedan aún por darnos?
¿y los besos?
tendrán que inventarse números nuevos
para poder contarlos
la frase te echo de menos ha perdido todo su significado
también habría que inventar nuevas palabras
para describir las ganas que tengo de verte
el tiempo nos está robando nuestro propio tiempo

te reto a besarme desde la distancia
a juntar nuestro labios a través del espacio y del tiempo
viajemos desde nuestra cama a ese lugar donde
no hay fronteras ni barreras
donde la única prohibición sea separarse el uno del otro
te reto a abrazarme desde nuestras ventanas
a abrir los brazos todo cuánto puedas y atraparme
entre ellos
agarrarme aunque no me caiga
a sujetarme aunque no tropiece
te reto a acariciarme cada noche
a convertir cada canción en una caricia
cada palabra en uno de tus dedos
cada letra en un suave caricia que erice mi piel
que estremezca mi cuerpo
te reto a que me hagas el amor por la mañana
a que te cueles como el sol entre mi persiana
y que cada rayo de luz sea uno de mis gemidos
te reto a tener paciencia
a esperar
siéntate en nuestro banco de siempre
pronto nos daremos nuestro segundo primer beso
pronto los meses serán segundos
y el tiempo separados
un eco en el vacío del invierno

te descubro estudiando mi cuerpo
con tus ojos desnudas mis miedos
y tus manos acarician mi vergüenza
con tus labios besas mis inseguridades
y con tu voz amas mis imperfecciones

te veo despertar
en las mañanas sin sol
y la luz de tus ojos
ilumina mi cuerpo desnudo
después de una noche de amor
en la que nuestros besos
silenciaron nuestros miedos
y las caricias apartaron la inseguridad
la pasión empapó las sábanas
y los orgasmos fueron estrellas
en nuestro firmamento

SEXTA PARTE

EL AMOR

Los invisibles átomos del aire
en derredor palpitan y se inflaman,
el cielo se deshace en rayos de oro,
la tierra se estremece alborozada.
Oigo flotando en olas de armonías,
rumor de besos y batir de alas;
mis párpados se cierran… —¿Qué sucede?
¿Dime?… —¡Silencio! ¡Es el amor que pasa!

GUSTAVO ADOLFO BÉCQUER, *RIMAS*

a sergio navarro, el amor de mi vida.

hay besos que saben a lluvia cálida
paseos que agotan todas las calles
luces que se encienden en cada abrazo
miradas bajo el cielo de una ciudad
que hemos vuelto a descubrir

un cielo se ilumina
mientras nos miramos
con ganas de besarnos

y cuando nos besamos
en la oscuridad de aquella calle
todo en mi interior se volvió a encender
como los rayos iluminan el cielo
en una noche de tormenta sin ver los rayaos caer

cuando todo empieza de nuevo
y nacen las primeras miradas
las primeras risas
los primeros besos y caricias
el primer abrazo
nacen también los miedos

tienes una mirada que me sonroja
me acaricia y me habla.
me besas con ella
me abrazas
y me excitas
una mirada que me enloquece
me emboba y me atormenta
una mirada
en la que me quiero perder
y no encontrarme
olvidarme de mí mismo
y encontrarte a ti
al final de tus ojos
esperando ver en los míos
el reflejo de tu rostro.

quiero besarte hasta que se haga de día
¿y cuando se haga de día?
cuando se haga de día
quiero ver como el sol penetra en tus ojos
y enamorarme más de ti

no se qué me apetece más
si acostarme contigo
o despertarme a tu lado

anoche he escrito versos
que hoy leo en los surcos de tus labios

no te conocía
y, aun así
ya te dedicaba
todos mis poemas

cuando la vida ya es un sueño
¿qué ocurre mientras duermes?

estaba perdido
y en tus labios
me encontré

los domingos son para dormir
descansar sobre tu pecho
desgastar las sábanas y tus labios
comer tarde y en la cama
hacer el amor en el suelo
ver anochecer en tus ojos.
despertar en los bordes de tu piel

me he quemado contigo
y convertido en cenizas
y, aun así
y mil veces más
volver a arder contigo.
convertirnos en un incendio
tan caliente como el sol
tan frío como el mar

lo "bonito" de mis "versos"
no son las palabras que los forman
sino lo que hay detrás de ellas:
tu risa
tus besos
tus ojos.
tus manos entre mis manos
tu pelo entre mis dedos
tus labios en los míos
tu aliento en mi pecho
tu cuerpo sobre el mío
tu voz en mis oídos
tu corazón junto al mio.

a veces se cumplen sueños
que todavía no se habían soñado

érase una vez nosotros

fin.

llegaste de la nada
y me perdí en tus ojos
apagaste el ruido
llenaste de luz
la oscuridad de mis sueños

pienso en ti
hasta cuando estoy contigo

que ganas de invierno
de sofá y manta
de besos tiritando
de caricias cálidas
de noches largas
y lluvia en el cristal
que ganas de invierno
de amor bajo el paraguas
de chocolate caliente
a las dos de la mañana
de abrazos infinitos
en el frio de madrid.

hemos sobrevivido
al choque de nuestros ojos
al terremoto de los besos
a la tormenta de tu risa
a la explosión de nuestro amor

despertarme contigo
ver tus ojos
tocar tu boca
besar tu espalda
jugar en tu pelo
acariciar tu voz
abrazar tu sueño

qué bonita mi sonrisa
cuando comienza en tu boca

el día que apareciste
mi corazón se rompió en pedazos.

de felicidad también se estalla.

ocupas mi mente y mi espacio
llenas mis ojos con tu mirada
inundas mis labios con tus besos
arrasas mi espalda con tus caricias.

no solo te encontré a ti
también a mí

quiero dormirme contigo
teniendo la certeza
de que a la mañana siguiente
veré el sol a través de tu mirada

me tocas
tan solo con mirarme

aunque hoy me haya despertado sin ti
he podido notar tus manos sobre mi espalda
con cada rayo de sol que entraba por mi ventana
¿y sabes que es lo más curioso?
que el día ha amanecido nublado

navego por los mares de tu piel
atraco en cada uno de tus lunares
salto a las aguas de tus ojos
nado en los besos de tu boca

dormir cada noche en tu interior
y por la mañana abrir la ventana de tu corazón
contemplar desde ella tu rostro
y perderme en las curvas de tu cuerpo
pasear por cada uno de tus besos
rozar cada surco de tus labios
sentarme en una de tus pestañas
y contemplar el brillo de tus ojos
dejar que aliento despeine mi flequillo
y que tus lagrimas mojen mis mejillas
sentir el calor de tu mirada en mi piel
y hacer turismo en tus recuerdos
saltar entre tus lunares
y dejarme atrapar por la maraña de tu pelo
hacer rodas mis dedos por cada centímetro de tu piel
visitar cada una de tus imperfecciones.
coger tu mano
y tirar fuerte de ella
para llevarte conmigo en este viaje
que está siendo conocerte

y ahora mis palabras llevan tu nombre
cada letra es uno de tus besos
cada verso uno de tus abrazos
cada poema
un día a tu lado

ÍNDICE

PRIMERA PARTE: EL DOLOR

la oscuridad 11

todo roto por dentro 12

la noche no ha venido sola 13

entre tinieblas de luz y rayos de sombras 14

se agrieta su alma 15

esta niebla que inunda mis ojos 16

el tiempo se pasa rápido 17

arden en el cielo las pavesas del amor 18

y mis manos ya no son las mismas desde que tus dedos 19

y otra vez me rompo en mil pedazos 20

se cae la hoja 21

extraña sensación la de estar y no ser 22

la serenidad de las palabras 23

ojos vacíos de palabras ciegas 24

caerse y chocar con la realidad 25

camas rotas 26

y que cuando todo acaba 27

miradas muertas en ojos tristes 28

de noche 29

despiértate 30

el lento despertar 31

escribo desde el dolor 32

me he roto tanto 33

lloran los cristales 34

pues no era el final 35

y eso que dicen que es amor 36

el miedo se ha instalado aquí 37

esperando tus palabras 38

SEGUNDA PARTE : EL RECUERDO

en el silencio de la noche 41

cada día lejos de ti 42

ven 43

¿a dónde te has ido? 44

cuántas noches en vela 45

en cada rincón te busco 46

sigues tan dentro de mí 47

y aunque llueva quiero irme contigo a los charcos 48

y sin un día llueve 49

son las gotas de agua 50

te veo en los charcos que deja la lluvia en los días tristes 51

me pierdo en tus recuerdos 52

me rompo 53

hay días como el de hoy 54

anochecía 55

lo que un día fueron palabras en voz baja 56

todo era sencillo 57

verte y no mirarte 58

tu voz suena en mis labios 59

cuando te veo saltan chispas en mi interior 60

tú espalda 61

nos conocimos en invierno 62

y que todos los días se vayan 63

estoy ~~contigo~~ 64

sintiéndome así 66

no te has ido 67

te veo en las caras de la gente 68

aquellos días 69

a ti que te busco en cada calle 70

aun cuando siempre ya no es hoy 71

no me pierdas en tu recuerdo 72

te fuiste 73

palabras y besos escondidos 74

maldita la madrugada 75

mirarte es 76

tenerte es sentir que 77

y escribo para decirte lo que muchas palabras 78

nos fuimos lejos 79

pero ya no es como los anteriores 80

sigues tan dentro de mí 81

te veo y solo quiero recorrer 82

si hubiera sabido que la última vez que nos besamos 83

si hubiera sabido que la última noche 84

mirarte es perderme 85

todos te dicen que todo irá bien 86

cada noche miro lunas donde antes contaba tus lunares 87

y siempre que apareces 88

quiero respirarte 89

en susurros te hablaba 90

recuerda el primer día que nos vimos 91

TERCERA PARTE: EL OLVIDO

te pienso mientras te olvido 95

la mirada es muda y la voz ciega 96

que sabía yo entonces lo que tu pensabas 98

y ahora solo queda soñar 99

ya nunca más habrá un hoy 100

todo lo que fuimos se quedó en aquel viejo calendario 101

ya no se escribirte 103

y mientras tanto 104

recuerdo las primeras noches que te escribí 105

he roto todos mis poemas 106

la soledad no es efímera 107

no sientas pena 108

la soledad me asusta 109

las paginas ya se han borrado 110

prefiero salir corriendo 111

con cada cruce de miradas nos volvemos a descubrir 112

quiero pensarte y no llorar 114

duele quererte así 115

dejarte ir 116

volver a reconstruir un corazón roto 117

y cada vez que te olvido 118

no todos nos curamos tan rápido 120

me habré olvidado de ti cuando me despierte una mañana 121

CUARTA PARTE: LA NOSTALGIA

el amor es todo aquello que nace dentro de nosotros 125

buscaba un amor 126

en ese momento de duda 127

la sensación de un nuevo amor siempre es excitante 128

déjame que encienda la luz para verte 129

un billete de tren 130

Noviembre 131

y de repente 133

me dijiste te quiero *mientras el agua mojaba tus labios* 134

nos besamos bien y con ganas 135

el amor no es complicado 138

está en todas partes 139

es la ventana abierta a una nueva vida 140

hoy he paseado por las calles de mi memoria 142

nos besamos sin importar 143

QUINTA PARTE: LA CURACIÓN

el dolor da paso a la curación 147

perderme en las curvas de tu cuerpo 148

me agarro a esta distancia 149

verte hoy será un sueño cumplido 150

después de nuestro abrazo 151

quiero hacer senderismo en tu cuerpo 152

¿por qué no vienes aquí 154

—me voy a dormir— dije 155

solo en tus labios encuentro el camino 157

no dejes de quererme 158

tenemos tantos abrazos pendientes 159
te reto a besarme desde la distancia 160
te veo despertar 162

SEXTA PARTE: EL AMOR
hay besos que saben a lluvia cálida 165
un cielo se ilumina 166
y cuando nos besamos 167
cuando todo empieza de nuevo 168
tienes una mirada que me sonroja 169
quiero besarte hasta que se haga de día 170
no se qué me apetece más 171
anoche he escrito versos 172
no te conocía 173
cuando la vida ya es un sueño 174
estaba perdido 175
los domingos son para dormir 176
me he quemado contigo 177
lo "bonito" de mis "versos" 178
a veces se cumplen sueños 179
llegaste de la nada 181
pienso en ti 182
que ganas de invierno 183
hemos sobrevivido 184
despertarme contigo 185
qué bonita mi sonrisa 186
el día que apareciste 187
ocupas mi mente y mi espacio 188

no solo te encontré a ti 189

quiero dormirme contigo 190

me tocas 191

aunque hoy me haya despertado sin ti 192

navego por los mares de tu piel 193

dormir cada noche en tu interior 194

y ahora mis palabras llevan tu nombre 195